le PONT de THIMPHU
derrière le Dzong

la robe de GEMBO
qui rêve de voler en France

une porte à SIMTHOKA
pour entrer dans la cellule d'un moine

un ticket de CINÉMA
pour aller voir Yuki Bum II

linge qui sèche à CHANGANGKHA
dans l'enceinte du temple

foulard d'une nonne
à ZILUKHA

la KIRA de PEM
qui rentre de l'école

BOUDDHA à ZILUKHA
quand nous rencontrons Dam Choe

BAMBOU, pour construire les
échafaudages

le GO de YOUNTEN
pour retrouver sa fiancée

un mur à SIMTHOKA
près de l'entrée

Bhoutan

Royaume de Bouddha

DU MÊME AUTEUR

MORVAN, COULEURS INTIMES
aux Éditions de l'Armançon
SILLAGES D'AFRIQUE (Collectif)
aux Éditions Gallimard
PARIS-KABOUL (Collectif)
aux Éditions Hoebeke

MES CARNETS DU MAROC
MES CARNETS DU JAPON
MES CARNETS DU MEXIQUE
MY JAPANESE SKETCHBOOK
aux Éditions Flammarion

POUR EN SAVOIR PLUS
SUR LES PRESSES DE LA RENAISSANCE
VOUS POUVEZ CONSULTER
NOTRE SITE INTERNET
www.presses-renaissance.fr

Cloé Fontaine

Bhoutan

Royaume de Bouddha

PRESSES
DE LA
RENAISSANCE

OUVRAGE RÉALISÉ SOUS LA DIRECTION ÉDITORIALE
DE VICTOR LOUPAN

Si vous voulez être tenu(e) au courant
de nos publications

Envoyez vos nom et adresse,
en citant ce livre

aux Éditions des Presses de la Renaissance
12, avenue d'Italie – 75013 Paris

À Interforum Canada Inc.,
1050, boulevard René-Levesque est
bureau 100
H21216 Montréal – Québec

Consultez notre site internet
www.presses-renaissance.fr

ISBN : 2.7509.0078.6

Photogravure : Nord Compo,
Villeneuve-d'Ascq, France

Impression : Mame, Tours, France

À vous, ma douce Mao et mon Pirate rêveur...

Kayu Ling, France, j'ai 18 ans. Le bol qui chante joue son envoûtante mélodie, j'entends parler bhoutanais, mange à même le sol, bois des décoctions, écoute les récits de ceux qui se sont aventurés jusqu'aux contreforts de l'Himalaya découvrir le royaume des « drukpa ».
Mon ami habite depuis quelques mois, à Kayu Ling, un modeste chalet à l'ombre du temple des Mille Bouddhas. Ses parents sont bouddhistes. À l'orée du Morvan, mes samedis, mes dimanches s'égrainent mystérieusement au rythme du Bhoutan.

Deux pièces dans le chalet, l'une pour méditer et étudier les enseignements de Bouddha, l'autre pour s'envoler au pays des rêves. Il fait froid, l'air est humide, seule la petite véranda m'offre un rayon de soleil. Sobriété, simplicité, les espaces s'enchaînent dans un dépouillement total.
Un intrigant fauteuil en bois relié à une tablette déborde de couleurs. Sans pieds, il est posé à même le sol. Une fois glissée à l'intérieur, assise en tailleur, je peux y feuilleter les carnets de prières. Plus loin reposent les sept petits bols en étain remplis d'eau, les bougies et l'encens brûlant qui répand son odeur d'ailleurs. Ici et là un ordinateur portable, un coussin moelleux, un bol d'amandes et de noisettes, une épaisse couverture, des objets insolites se partagent l'univers à la fois froid et chaleureux du lieu.

Par la large fenêtre, j'aperçois le Morvan, mes paysages, mes camaïeux de verts. Mais c'est aussi le vermillon, l'ocre et l'or qui virevoltent, quelques tours autour du « chorten » et les bonzes qui rejoignent à la hâte la salle d'éveil. Le vent berce les drapeaux de prières et les sables des mandalas s'envolent au large de la Boulaye.

Parfois, il faut se rendre au temple. Un célèbre lama revient du Bhoutan, tout le monde s'agite, un moine m'offre une grande étole blanche. Kayu Ling se pare de mille et une couleurs.

Je me sens étrangère, je ne connais rien du bouddhisme. Des règles énigmatiques sont à appliquer, d'étonnants codes de vie à respecter. Cette inhabituelle vie d'ascète m'attire et me révolte. Je comprends sans comprendre. Comment et pourquoi vivre ici en Occident comme ces Bhoutanais de l'Orient ?

Un jour, j'irai sur cette parcelle oubliée d'Himalaya. Un jour, j'irai voir comment ils vivent au-delà des sommets du Tibet. Un jour...

Thimphu, Bhoutan, j'ai 28 ans, dix ans se sont envolés, mille pages se sont tournées, Kayu Ling je t'avais presque oublié. Voler jusqu'au Bhoutan, pays du Dragon, m'a toujours semblé difficile. Entre Inde et Tibet, longtemps gardé secret, le pays des « drukpa » n'ouvre ses frontières qu'à quelques touristes fortunés ou invités par le roi.
Alors, pendant dix ans, je voyage avec cette douce pensée : pénétrer dans ce sanctuaire himalayen. Comment y arriver ? Je ne cherche pas, j'attends. Et un jour d'automne, à Autun, une rencontre va nous mener, Michaël et moi, jusqu'au royaume tant désiré.
Michaël écrit son récit*, moi je couvre de couleurs les pages de mon carnet.

Mai 2005. Nous entrons au Bhoutan pour rencontrer Nima le charpentier, Tashi l'architecte, Namji Dorji le sculpteur, Richen le peintre... Ils viendront prochainement en France construire un pavillon dans la pure tradition bhoutanaise, en bois, avec des assemblages tenon mortaise.

Mais aujourd'hui, nous allons et venons d'une maison à l'autre, de Thimphu à Wongsimo. Nima construit la maison de Namgay Biddha, Tashi restaure le Dzong de Simthoka, Namji Dorji sculpte du métal pour le roi, et Richen peint pour Bouddha.

Ma plume et mes pinceaux se laissent guider par Younten et Wangchuk. Je glisse ma main le long des temples qui s'effritent, j'écoute le murmure des moulins à prières, je suis les sentiers à travers les rizières, je goûte les « nakey » et me brûle la langue avec

« l'hémadatsi », je respire l'innommable odeur de la « Doma », je m'enivre d'encens, je me noie dans les couleurs flamboyantes du bouddhisme : je suis enfin au Bhoutan.

Nos journées s'effilochent doucement. Chaque matin nous nous rendons à Wongsimo, le minuscule village de Nima. Nous retrouvons sa femme, ses enfants, son beau-frère instituteur, sa belle-mère, les voisins travaillant dans les champs. Pendant de longues heures, nous discutons dans la cour, de famille et de généalogie.
Au Bhoutan, les noms de famille n'existent pas et Michaël, intrigué par ce phénomène a décidé de réaliser des arbres généalogiques. Cocasses, les situations s'enchaînent de surprise en surprise. Notre interprète découvre que la femme de notre chauffeur est sa cousine. Dans les rues de Thimphu, sans le savoir, chacun croise un cousin, une cousine. Certains se demandent même combien ils ont de frères et sœurs. Quant à leur âge, difficile de se souvenir, mis à part que c'est un frère plus jeune ou plus âgé. Namji Dorji appelle sa femme : peut-être se souvient-elle du prénom de son dernier frère. Lui, vraiment, il ne s'en souvient plus. Et son jeune frère, où habite-t-il déjà ? Et sa sœur ? Est-elle mariée finalement ? Dans chaque famille, les mêmes interrogations. Ces situations nous semblent ubuesques. Mais quoi de plus normal dans un pays où la modernité a fait irruption il y a moins d'une dizaine d'années, où les vallées sont enclavées, où les prénoms sont choisis par les lamas... ?
Et les Bhoutanais, au départ forts surpris de nos investigations, se prennent très vite à notre jeu de sept familles. De fil en aiguille, de cousin en cousine, nous arrivons à dessiner nos arbres aux branches tortueuses. Les visages glacés des premiers jours dégèlent à chaque nouveau rendez-vous, les langues se délient, et chacun attend avec sourire les deux « illuminés » qui ont décidé d'enquêter sur un tel sujet.
La découverte du Bhoutan sous cet angle se révèle passionnante. Ce choix de voyage immobile nous ravit. Plus qu'à travers des paysages et des kilomètres de piste, nous voyageons à travers les familles et le temps. Nous cheminons dans la mémoire des habitants.

* « Voyage au pays de Bouddha », Michaël Pitiot, Les Presses de la Renaissance, mai 2005.

Au Bhoutan, les minutes durent des heures,
les heures des jours.

Il faut savoir attendre, écouter, revenir.

Dans ce carnet, pas de lien, pas d'itinéraire,
juste des scènes du quotidien,
des soupirs, des sourires,
des silences, des confidences...

Les souvenirs reviennent doucement.
Kayu Ling, enfin je te comprends.

TIBET
Mont Chomo Lhari 7314m
PARO
BHOUTAN
LE VILLAGE DE NIMA
THIMPHU
INDE
N
O
E

Arrivée à Thimphu

Après plusieurs escales en Thaïlande, en Birmanie et en Inde, nous plongeons sur Paro. Une seule et unique piste d'atterrissage nous attend avec de part et d'autre des sommets vertigineux qui culminent à plus de 8000 mètres. Je souris, le Bhoutan se dessine doucement, du blanc, de la neige, du vert, la nature, du gris souris, de la pluie. Nous sommes en mai, c'est le printemps, l'atmosphère est chargée d'humidité, comme convenu, Younten et Wangchuk nous attendent.

Nos deux guides portent le « go », le costume traditionnel bhoutanais. Wangchuk l'a complété avec des baskets Nike dernier cri et un bob qu'il ne cesse de visser sur sa tête toute ronde. Avec ses petites lunettes, sa moustache et son ventre bedonnant, il est digne d'un héros de bande dessinée. Younten, lui, est très élégant dans son « go » bleu marine, avec ses chaussures anglaises et ses longues chaussettes noires. Obligatoires, le « go » et la « kira » doivent être portés de neuf heures jusqu'à dix-neuf heures, environ. La légende raconte qu'à toute entrave à la règle, des sanctions sont appliquées. Une amende, deux amendes, puis une étonnante « punition » ! Le réfractaire se voit déposé près d'un col à deux jours de marche de chez lui : il doit alors revenir à pied, n'ayant plus qu'à méditer sur son action de rébellion.

Entourés de bhoutanais en costume traditionnel, nous partons rapidement pour Thimphu, la capitale. C'est ici que nous allons séjourner.

Sur l'unique route goudronnée du pays, nous croisons des hordes de Népalais crasseux qui refont inlassablement cette même route. Hommes, femmes, enfants, s'éreintent autour de bidons remplis de cailloux et de goudron. Chaque groupe a sa mission : réduire des blocs de pierre en sable, nettoyer la route à la balayette, apporter le goudron brûlant à la brouette. Ce spectacle me bouleverse. Les femmes portent et allaitent leurs enfants dans les émanations de bitume. Tous logent dans des « goudronvilles » aux abords de la route. Ici, ils sont heureux car chez eux, c'est encore pire !

Nous mettons plusieurs heures pour atteindre Thimphu, tant la route est sinueuse et en travaux. Thimphu, à peine 50 000 habitants, s'étend à grande vitesse. Partout des échafaudages de bambou et de nouveaux bâtiments en construction. Cependant, pour qui n'est pas Népalais, la vie y semble douce et paisible ; même pour les meutes de chiens errants qui envahissent rues, places et terrains de foot ! Le gouvernement recrute pour les stériliser, mais comme un chien, au Bhoutan, c'est sacré, personne ne veut mettre fin à leur prolifération.

La vie à Thimphu s'organise par quartier : le centre-ville autour de « Norzim Lam » et ses boutiques joyeuses ; le terrain de foot où chacun se donne rendez-vous en fin d'après-midi pour le match ; l'esplanade dédiée au sport national, le tir à l'arc ; le quartier du marché, Changlimithang, qui s'anime chaque fin de semaine ; le quartier du Memorial Chorten et ses pèlerins égrainant leur chapelet ; celui de l'hôpital qui accueille tous les habitants du Bhoutan ; le très sérieux quartier du Dzong où réside le roi...
Tous sont ponctués par l'architecture blanche, noire et rouge des temples bouddhistes. Des monastères, un couvent, nous allons et venons entre religion et vie quotidienne.

Nous aurions pu nous aventurer au-delà de Thimphu, gravir les sommets de l'Himalaya, défier les profondeurs de la jungle. Nous avons préféré vivre à Wongsimo au rythme de Younten, de Denka, de Nima... Plus que des paysages, nous avons voulu connaître des visages.

Chez Denka, non loin du Dzong de Thimphu.

Thimphu. Nous contournons le Dzong, passons le pont orange. À droite un long mur de prières avec ses étranges pierres gravées. À gauche les rizières qui épousent les courbes des montagnes. Wangchuk coupe le moteur. Nous avançons sur un sentier boueux. Namji Dorji, le père de Denka, nous accueille dans son minuscule atelier attenant à la maison. À même le sol, assis sur de sombres couvertures, il sculpte avec une aisance remarquable ses pièces de métal.

Des notes de musique volent au loin. Au dernier étage de la maison, toute la famille s'est réunie pour le « Puja », une cérémonie religieuse qui se déroule une à deux fois par an. Un lama, des musiciens, des moinillons sont assis en tailleur dans la salle de prières. De leurs instruments énigmatiques s'échappe une mélodie lancinante prompte à la méditation. Le lama, un oncle de Denka, récite inlassablement ses prières tout en éparpillant des grains de riz sur le sol. Sur l'autel, des « torma » s'entassent près des bols d'eau claire et des bougies.

Durant trois jours, toute la famille arrive des vallées ou des environs. Les femmes se pressent dans les cuisines. Des odeurs alléchantes s'échappent des marmites. Pas de repas à heure fixe, chacun mange quand il a faim. Denka m'offre même des fraises, je les croque à pleines dents pour oublier un instant le feu de l'hémadatsi. « Fleur », la vache de la maison, veille sur les marmites qui glougloutent dehors sur le feu. Les enfants jouent avec l'eau, les hommes mâchouillent sans relâche leur noix d'arek enroulée dans une feuille de bétel, les femmes discutent de leur dernière « kira ». Nous sommes au cœur de Thimphu, la capitale.

Recette

Des piments rouges ou verts, frais ou séchés.
Du fromage de vache frais.
Une grosse pincée de sel.
Une demi-tomate.

Dans une casserole, faire revenir des piments frais ou séchés dans de l'huile.
Ajouter quelques gouttelettes d'eau et une demi-tomate.
Choisir un joli fromage frais de vache et l'émietter sur les piments.
Faire cuire à feu vif jusqu'à ce que le fromage soit entièrement fondu.
Couvrir et laisser mijoter à feu doux.

Juste avant de servir, ajouter une pincée de sel pour adoucir le « piquant » du piment.

Déguster avec du riz rose ou blanc.
Et savourez avec du « seudja » (thé salé au beurre de yak) ou du « chang » (la bière locale).
Michaël vous conseillera de boire de la « Red Panda » : c'est avec cette bière qu'il préfère son « hémadatsi » !

L'hémadatsi

Ses yeux et ses papilles pétillent, Michaël vient de découvrir « l'hémadatsi ». Du piment, du piment, encore du piment et quelques miettes de fromage fondu. Il devient rouge, vert, gris, puis franchement rouge, les larmes perlent, le nez dégouline, la gorge pique, la langue brûle... Quoi de plus normal quand on déguste ce plat typiquement bhoutanais. Vite : du sel, trois énormes cuillers de riz rose, de l'eau, du pain, de la bière, histoire de chasser le feu qui anime la bouche, la gorge, l'estomac... Younten est aux anges ! Enfin un étranger qui adore ce mets national.

J'abandonne dès le départ la dégustation journalière « d'hémadatsi » ; à la première bouchée, mon palais vole en éclats. Je préfère les « nakey », des crosses de fougères ramassées dans la jungle. Semblables à nos asperges, elles se dégustent avec une noix de beurre et l'éternel riz rose. Les Bhoutanais sont friands de légumes, champignons, plantes étranges, salades, herbes : je suis ravie, j'adore le vert !

Quant à Michaël, il continue avec le rouge. Après « l'hémadatsi », il se passionne pour le « Kewa », ragoût de bœuf bhoutanais baignant dans une sauce pourpre. De plus en plus féru de gastronomie bhoutanaise, il se décide même à prendre un cours de cuisine avec Denka, notre nouvelle amie.
Avant de repartir, nous allons au marché acheter quantité de piments séchés.
Moi qui pensais échapper rapidement à « l'hémadatsi »...

Si « l'hémadatsi » me laisse de glace,
les « nakey » aux allures de crosses de fougères
me réjouissent. Délicat goût d'asperge,
croquant sous la dent,
je fais de cet étrange légume vert
mon plat quotidien.

Tschering Dolkar a 30 ans et une petite Sonam Yangzom de 2 ans. Elle est la fille de notre sculpteur sur métal. Elle ne rêve que de fuir sa vie : ses parents l'ont séparée de son mari, pas assez riche, pas assez cultivé.

Très vite, nous devenons amies. Je pars avec elle explorer les rues de Thimphu. Elle nous fait découvrir les petits restaurants dans les rues oubliées des touristes, m'emmène dans les boutiques de tissu, dans les librairies. Elle travaille dans un bureau de Thimphu, elle est parfaitement bilingue.

Avec elle, je découvre, que sous des aspects très propres et harmonieux, le Bhoutan cache avec brio les faces sombres de son passé, de son présent. Le BNB (bonheur national brut), emblème du royaume, n'entre malheureusement pas dans toutes les chaumières.

À la veille du départ, **Tschering m'offre sa «kira».**
J'apprends alors avec minutie à m'habiller à la bhoutanaise.

Tout d'abord, je mets mon «onju» rose, le chemisier qui se porte sous la «kira». Puis je m'enroule dans ma «kira» (une longue pièce de tissu) bleue et l'accroche avec ma «kéra» (ceinture) multicolore et mes deux «koma» (fibules) turquoises. Puis je me glisse dans ma «Toego», ma veste aux reflets d'or.

Je répète plusieurs fois les étapes : s'enrouler dans sa «kira» est un pur défi. Il faut savoir plier et ajuster avec précision cette longue et unique pièce de tissu pour en faire une véritable robe qui tient comme par magie.

THIMPHU MAÍ 2004

Sonam Yangzom,
l'adorable petite princesse
de Tschering

DEVANT
1.
2.

Leçon de « go » avec Younten

Le « go » rime avec élégance. Comme un large et long manteau, le « go » se porte sur une chemise blanche aux manches très longues que l'on retourne sur une vingtaine de centimètres. À carreaux ou uni, il se décline de l'ocre au noir charbon, en passant par le grège ou encore le bleu marine.
Quand on l'enfile, il frôle le sol. L'ajuster est tout un art. Il s'agit tout d'abord de croiser les pans à l'avant et de pincer les deux rabats dans le dos. À l'aide d'une ceinture, Younten noue le tout et le fait blouser à hauteur du genou. Puis avec une maîtrise ancestrale, il commence à sculpter la poche ventrale dans laquelle il glisse son petit couteau rangé dans un étui de bois ainsi que sa « doma » qui renferme une noix d'arek, quelques feuilles de bétel et de la chaux.

De hautes chaussettes sombres, des chaussures en cuir ou des baskets dernier cri, une large étole blanche et le voilà prêt à sortir.

DOS

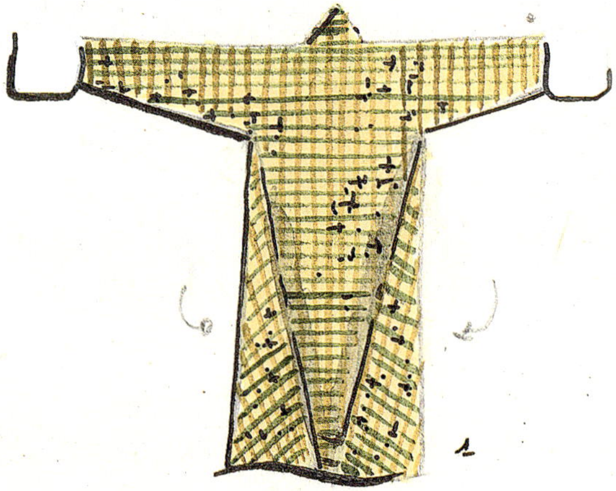

1

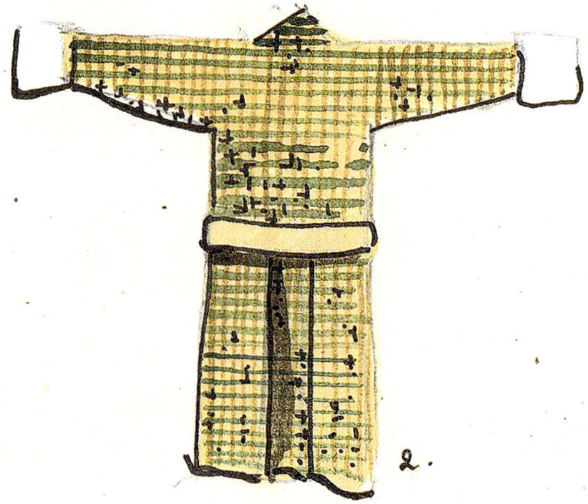

2.

Leçon de « kira » avec Denka

Tout d'abord, j'enfile le chemisier aux manches infiniment longues. Puis, étape fondamentale, la « kira » ! Il s'agit de m'enrouler avec rigueur et méthode dans un large rectangle de tissu.
Je commence dans le dos, par l'épaule gauche. Je tire la pièce de tissu jusqu'à l'épaule droite, je passe devant, de l'épaule droite à la gauche, puis de la gauche à la droite et une dernière fois de la droite à la gauche. Je repasse ensuite dans le dos et finis de m'enrouler dans ma « kira » de gauche à droite. C'est tellement simple ! Enfin, j'attache le tout avec mes deux fibules or et turquoise.

Une fois ce méli-mélo de tissu maintenu, j'enroule ma ceinture trois fois autour de ma taille. J'enfile ma veste, rabat les manches de mon chemiser sur celles de ma veste, tout comme pour le col.
Je suis enfin prête, il me reste juste à prier pour que mes fibules restent sages et fidèles.

Dans le quartier de Changmilithang, un samedi, à l'aube, sur le chemin du marché. Hommes et femmes, petits bébés accrochés au dos de leur papa, noués à celui de leur maman...

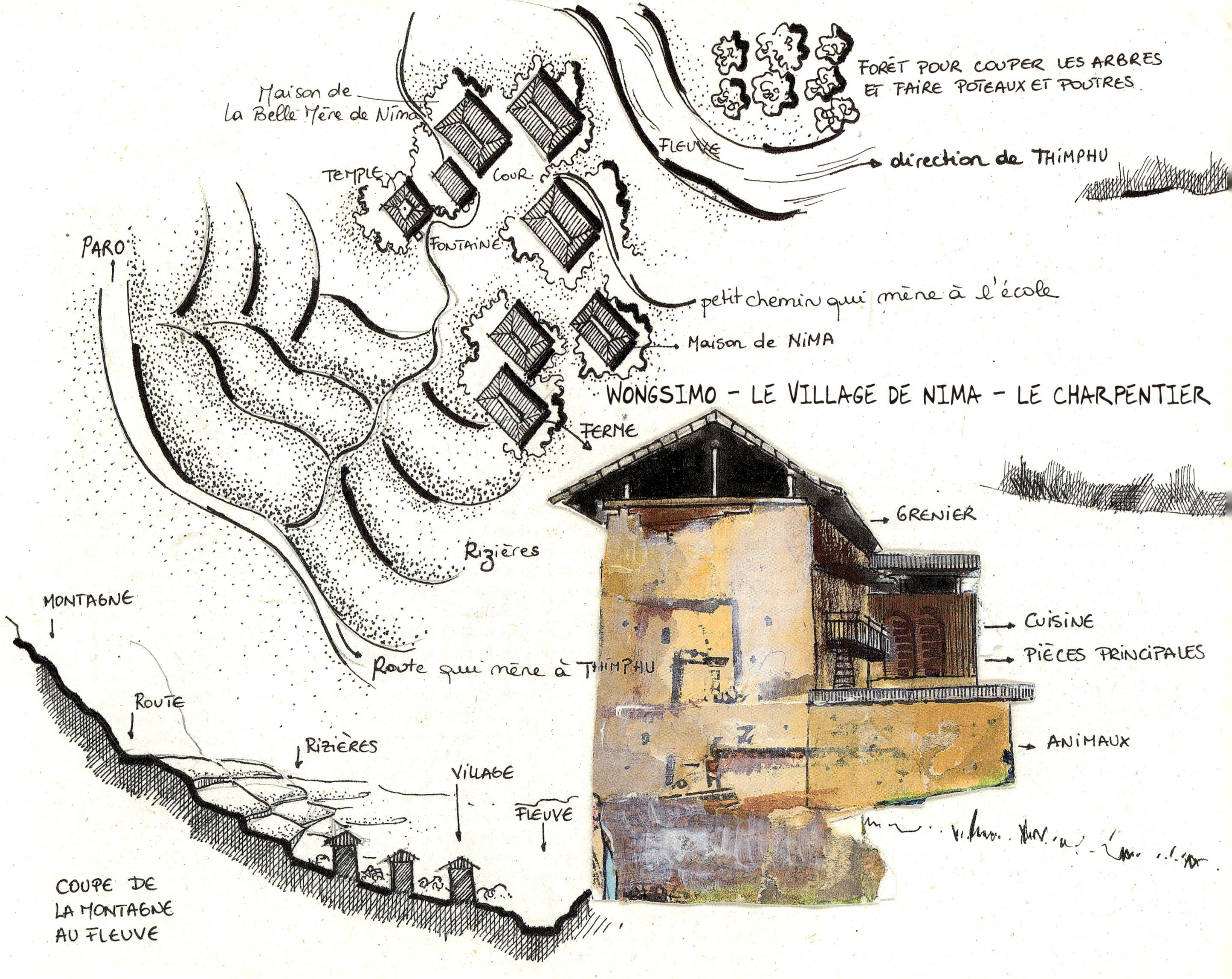

WONGSIMO - LE VILLAGE DE NIMA - LE CHARPENTIER
FORÊT POUR COUPER LES ARBRES ET FAIRE POTEAUX ET POUTRES
Maison de la Belle Mère de Nima
FLEUVE
direction de THIMPHU
TEMPLE
COUR
FONTAINE
PARO
petit chemin qui mène à l'école
Maison de NIMA
FERME
Rizières
Route qui mène à THIMPHU
GRENIER
CUISINE
PIÈCES PRINCIPALES
ANIMAUX
MONTAGNE
ROUTE
RIZIÈRES
VILLAGE
FLEUVE
COUPE DE LA MONTAGNE AU FLEUVE

BELLE-MÈRES
NIMA
TEMPLE
WONGSIMO - LE VILLAGE DE NIMA

Wongsimo, le village de Nima

Après une longue série de virages menant de Thimphu à Paro, Wangchuk se gare sur le bas-côté de la route. Nous arrivons à Wongsimo, le village de Nima, dominant le fleuve et la vallée. Un petit sentier fleuri, couleurs de roses, senteurs printanières, je serpente dans le vert pomme des rizières. À droite, deux femmes s'activent avec de larges paniers de bambou : elles travaillent dans les champs, préparent les récoltes de riz. Leurs « kira » roses et violettes brillent sous les rayons du soleil.

Nous sommes venus à Wongsimo pour rencontrer Nima. Petit, le teint buriné, les yeux sombres et la voix douce, Nima me fait penser à un hobbit. En attendant de sortir de son pays, de prendre l'avion pour Kayu Ling, il reconstruit la maison de sa belle-mère, Namgay Bidha. Nima habite le village depuis une vingtaine d'années : il loue à Wongsimo une modeste maison pour 30 ngultrums par mois.
Pour notre première entrevue, il nous reçoit dans la cahute provisoire de la famille. Quelques poteaux de bois, de la tôle ondulée, un pseudo plancher. Nous nous asseyons à même le sol, sur des tapis colorés, près du petit poêle noirci par le temps. Odon, la femme de Nima, nous apporte du « seudja » et du riz soufflé déjà largement picoré par les poules qui s'agitent çà et là.
Michaël va pouvoir commencer son enquête. Il s'est mis en tête de constituer l'arbre généalogique d'une famille bhoutanaise, celle de notre petit charpentier Nima. Seulement, au Bhoutan, pas de noms de famille, souvent plusieurs mariages, des secrets lourds de conséquences. Mais peu importe, nous commençons les présentations.

Timide, Nima est peu loquace. Younten ne traduit pas nécessairement tous les commentaires. Wangchuk dévore sa noix d'arek et sa feuille de bétel. Quant à Namgay, elle nous regarde l'œil narquois. Nous décidons de partir, nous reviendrons, demain, après-demain, lundi, mardi... Chaque jour les langues se délient, les secrets se dévoilent. Nima vient de Paro, ses parents étaient serfs. Lentement, après plusieurs « seudja », nous découvrons au travers des propos de Nima la structure sociale bhoutanaise, proche de celle de notre Moyen Âge. Un roi, des vallées rattachées à des Dzongs (des châteaux en quelque sorte), des serfs. Il fallut attendre le troisième roi pour que soit aboli le système de servage dans les années 1970.

Au Bhoutan, l'héritage se transmettant par les femmes, nous commençons alors doucement à comprendre la situation de Nima. Namgay n'est pas enchantée du choix de sa fille. Nima, de par ses origines, n'a pas un sou en poche et doit se constituer son propre pécule. Alors, de ses petites mains, il coupe, découpe, scie, cloue à longueur de journée. Le teint terni par les saisons, les mains calleuses, il exerce avec art son métier de charpentier.
C'est pourquoi, avec une dizaine d'autres charpentiers du pays, il a été retenu par le gouvernement pour voler jusque dans le Morvan, construire le nouveau pavillon près de Kayu Ling.
Ce voyage, il ne l'imagine même pas, lui qui ne connaît que sa vallée, lui qui n'a pas de voiture, lui qui vit dans sa minuscule ferme. Il a peur, peur de l'avion, peur de partir. Mais quand il reviendra, il offrira à Odon une belle et grande maison.

Chaque jour, Nima nous accueille avec un sourire grandissant. Il nous présente ses enfants, ses filles qui rentrent de l'école, son beau-frère, instituteur. Nous discutons dans la cour, assis autour d'un thé, toujours en compagnie de l'énorme cochon gris. Tout le monde attend que le lama propose un jour pour la pose du toit de la maison. Alors nous guettons la décision du lama qui finalement ne viendra pas... Il faut dire que la pluie arrive, alors oublions, le temps d'une averse, Bouddha et ses meilleurs auspices, et posons au plus vite un toit sur la maison.
J'aime ces bhoutanais qui s'arrangent chaque instant comme ils peuvent avec les obligations du bouddhisme. Si mes amis de Kayu Ling voyaient ça, eux qui appliquent à la lettre les enseignements de Bouddha...

Nous quittons Nima la larme à l'œil, j'ai hâte de le revoir dans les vertes forêts du Morvan.

Elle joue avec les petits chiots « sacrés »
qui viennent de naître. Elle ne va pas encore à l'école,
adore les bonbons et court dans les rizières.

NAMGAY OM,

la petite nièce de Nima
dans son village de Wongsimo

La maison de Namgay Bidha

À Wongsimo, je compte un temple et une dizaine de maisons, toutes organisées sur un même plan, construites en pisé et en bois. Au rez-de-chaussée cohabitent dans la pénombre réserves et bétail, vaches et cochons principalement. J'accède au premier étage par une échelle sculptée dans un tronc d'arbre. J'y découvre les principaux espaces de vie : la cuisine semblable à une terrasse et plusieurs petites pièces faisant office aléatoirement de salle à manger, de chambre à coucher. Au deuxième étage se côtoient la salle de prières, réservée une à deux fois par an pour le « Puja » (cérémonie religieuse), et les chambres pour les lamas ou les membres de la famille qui sont de passage.

En gravissant les étages, les ouvertures s'élargissent. Chaque fenêtre est sculptée dans le bois, des décorations animales ou végétales viennent orner chacun des montants et linteaux. Enduits à la chaux, les murs extérieurs s'habillent d'animaux, de fleurs, de motifs bouddhistes ou encore de sexes géants. Les « zizis volants », comme certains les surnomment, sont directement peints sur les façades ou sculptés et accrochés aux quatre coins de la maison, en signe de fertilité et pour chasser les mauvais esprits. Le dernier étage sous le toit sert à faire sécher les récoltes.

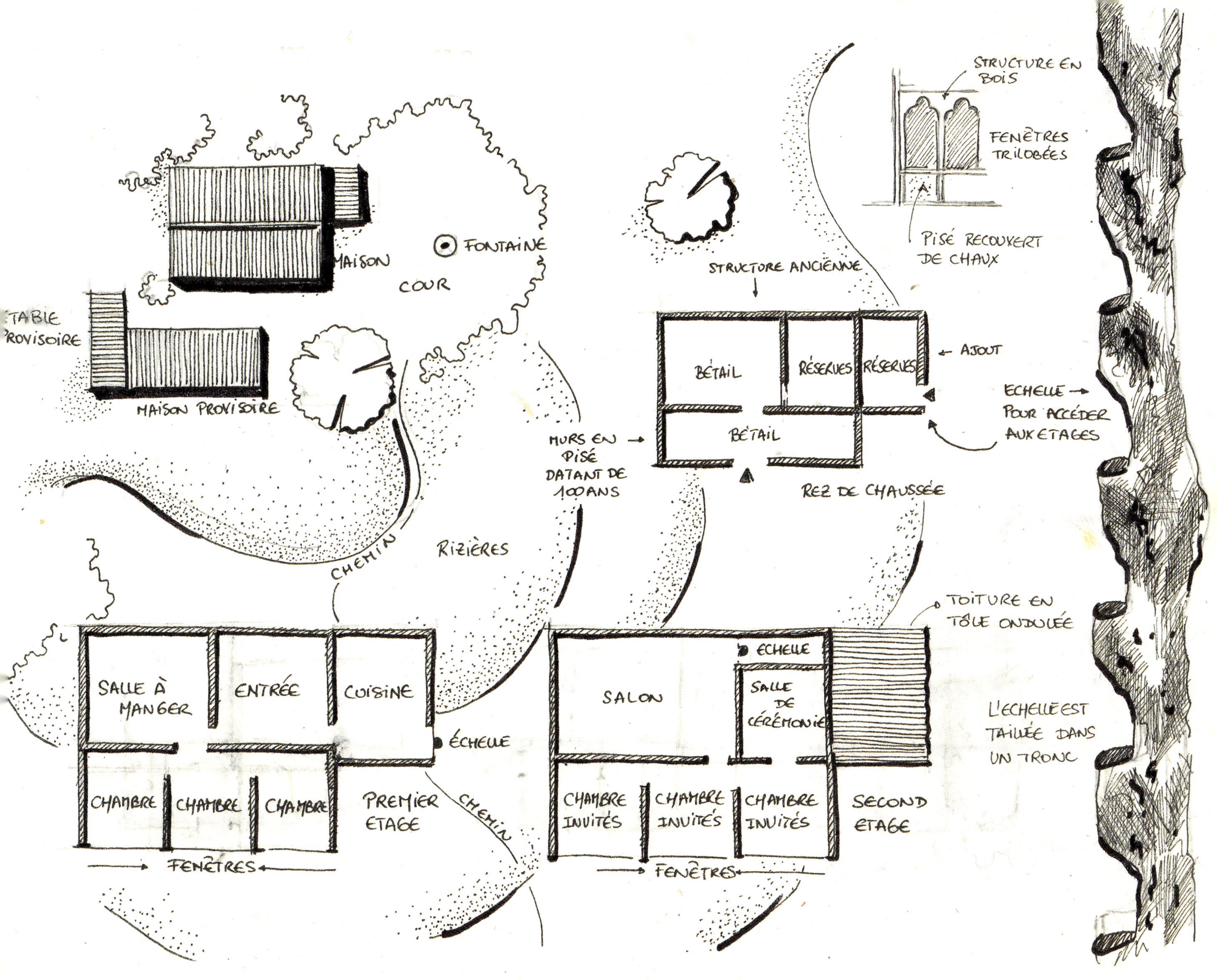

FONTAINE
MAISON
COUR
ÉTABLE PROVISOIRE
MAISON PROVISOIRE
CHEMIN
RIZIÈRES
STRUCTURE EN BOIS
FENÊTRES TRILOBÉES
PISÉ RECOUVERT DE CHAUX
STRUCTURE ANCIENNE
BÉTAIL
RÉSERVES
RÉSERVES
AJOUT
ÉCHELLE → POUR ACCÉDER AUX ÉTAGES
BÉTAIL
MURS EN PISÉ DATANT DE 100 ANS
REZ DE CHAUSSÉE
TOITURE EN TÔLE ONDULÉE
SALLE À MANGER
ENTRÉE
CUISINE
ÉCHELLE
CHAMBRE
CHAMBRE
CHAMBRE
PREMIER ETAGE
CHEMIN
FENÊTRES
SALON
ÉCHELLE
SALLE DE CÉRÉMONIE
CHAMBRE INVITÉS
CHAMBRE INVITÉS
CHAMBRE INVITÉS
SECOND ETAGE
FENÊTRES
L'ÉCHELLE EST TAILLÉE DANS UN TRONC

PEM, la fille de Nima sur le chemin de l'école

Pem va tous les après-midi à l'école. Durant cinq kilomètres, elle sautille sur le sentier des rizières. Avec sa « kira » turquoise, la même que celle de ses sœurs, elle court apprendre à lire et écrire. Un jour peut-être, elle travaillera dans un bureau, à Thimphu, et quittera le rude univers des champs. C'est pour cela que Nima partira en France, pour que ses filles aient une autre vie que la sienne, une vie plus douce et plus moderne.

La fabrique de papier de Thimphu

Située dans les hauteurs de Thimphu, la fabrique de papier est un modeste bâtiment d'où sortent de solides feuilles réalisées à la main à partir de l'écorce de daphné et d'edgeworthia. Les femmes s'occupent des écorces qu'elles réduisent en fines fibres. Quant aux hommes, ils réalisent les étapes plus physiques. Au-dessus des bacs, ils trempent les fibres dans l'eau, les secouent dans des panneaux format raisin et déposent les feuilles ainsi faites les unes sur les autres.

Je rêve devant ces montagnes de papier. J'aime cette odeur qui flotte dans la fabrique, ce papier artisanal riche en imperfections. Je repars chargée d'une grande centaine de feuilles, de rouleaux format raisin, de petites enveloppes...
THIMPHU. MAI 04

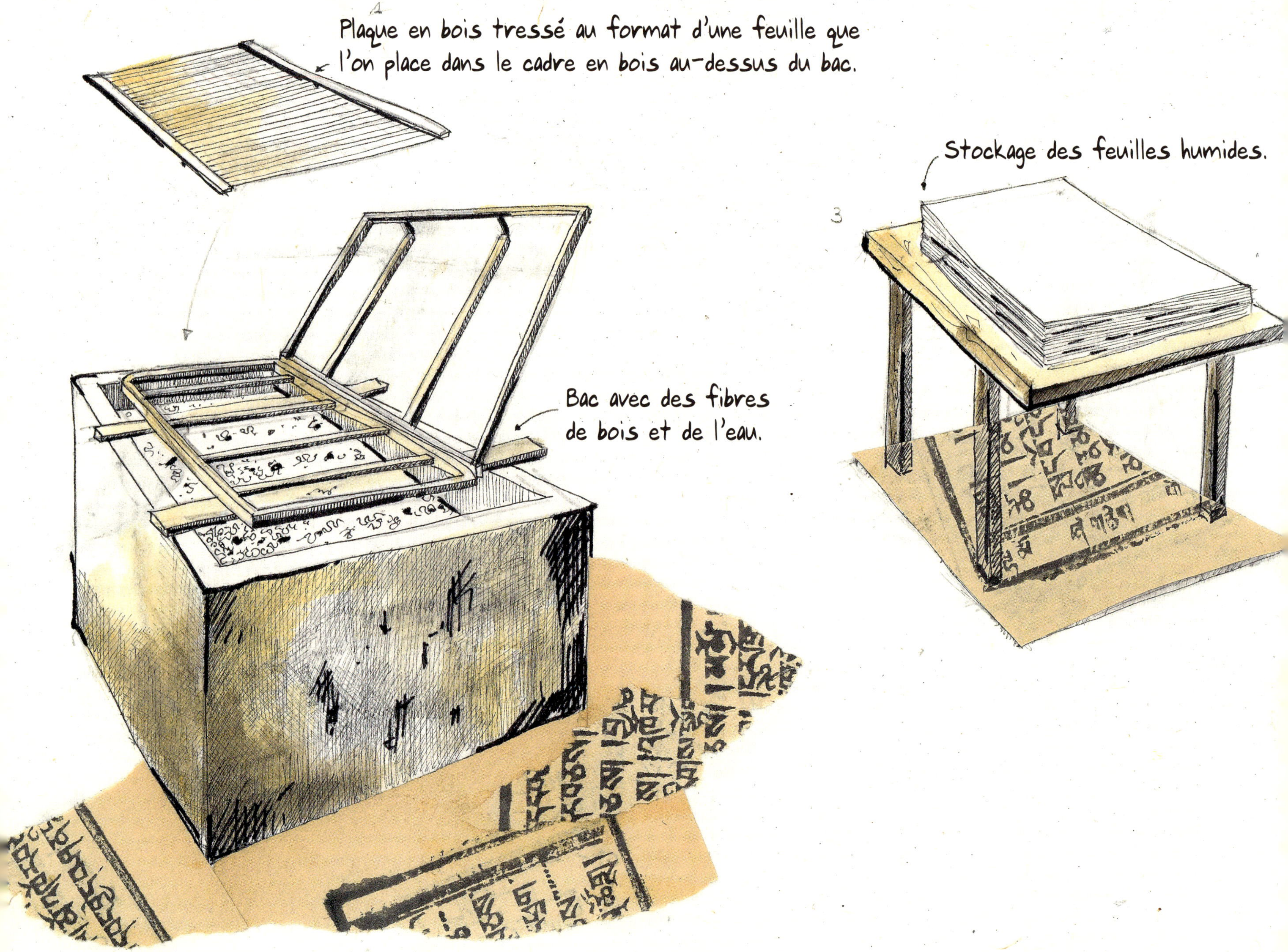
Plaque en bois tressé au format d'une feuille que l'on place dans le cadre en bois au-dessus du bac.
Bac avec des fibres de bois et de l'eau.
Stockage des feuilles humides.

Séchage des feuilles sur des plaques de métal chauffées par un feu de bois.

Les phases de compression et de séchage sont réalisées par les femmes.

Un accordéon
bhoutanais,
des esquisses
à la plume,
du noir,
du blanc,
mes journées
au Bhoutan.

Mai 2004. PARIS-THIMPHU... Départ pour le Bhoutan.

Dans les rues de Paro.

Boutique de tout à PARO.

orange
rouge
lie de vin
moine dans les rues de Paro

Balai
bleu
jaune
vert
rouge
Fenêtre d'une boutique
à PARO
moulin à Prière à Thimphu

Instruments d'un moinillon
chapelet
Livre de prière
plaque en bois
Tissu protecteur
bol qui chante
feuille de prière
petite flûte
trompette

BLEU
ROUGE
VERT
BLANC
FENETRE DE LA BIBLIOTHÈQUE DE THIMPHU
TING
petite frise à la Bibliothèque

NGEY TING
TORMA
étain
RUDHAR
DANS LE TEMPLE DE
CHORTEN PRÈS DU DZONG À THIMPHU
DZONG DE THIMPHU

PETIT TEMPLE À L'ENTRÉE DE
PORTE À L

VERMILLON
JAUNE D'OR
BLEU INDIGO
NOIR
PETITS FROMAGES SECS
PIMENT ET NAKEY
MAISON EN TORCHIS
DANS LE VILLAG

GE DE NIMA
DRAPEAU À PRIÈRES
PETIT TEMPLE CHEZ NIMA
petit panier à riz
Marina Paper

DECHEN PHODRANG

Le monastère de Gembo

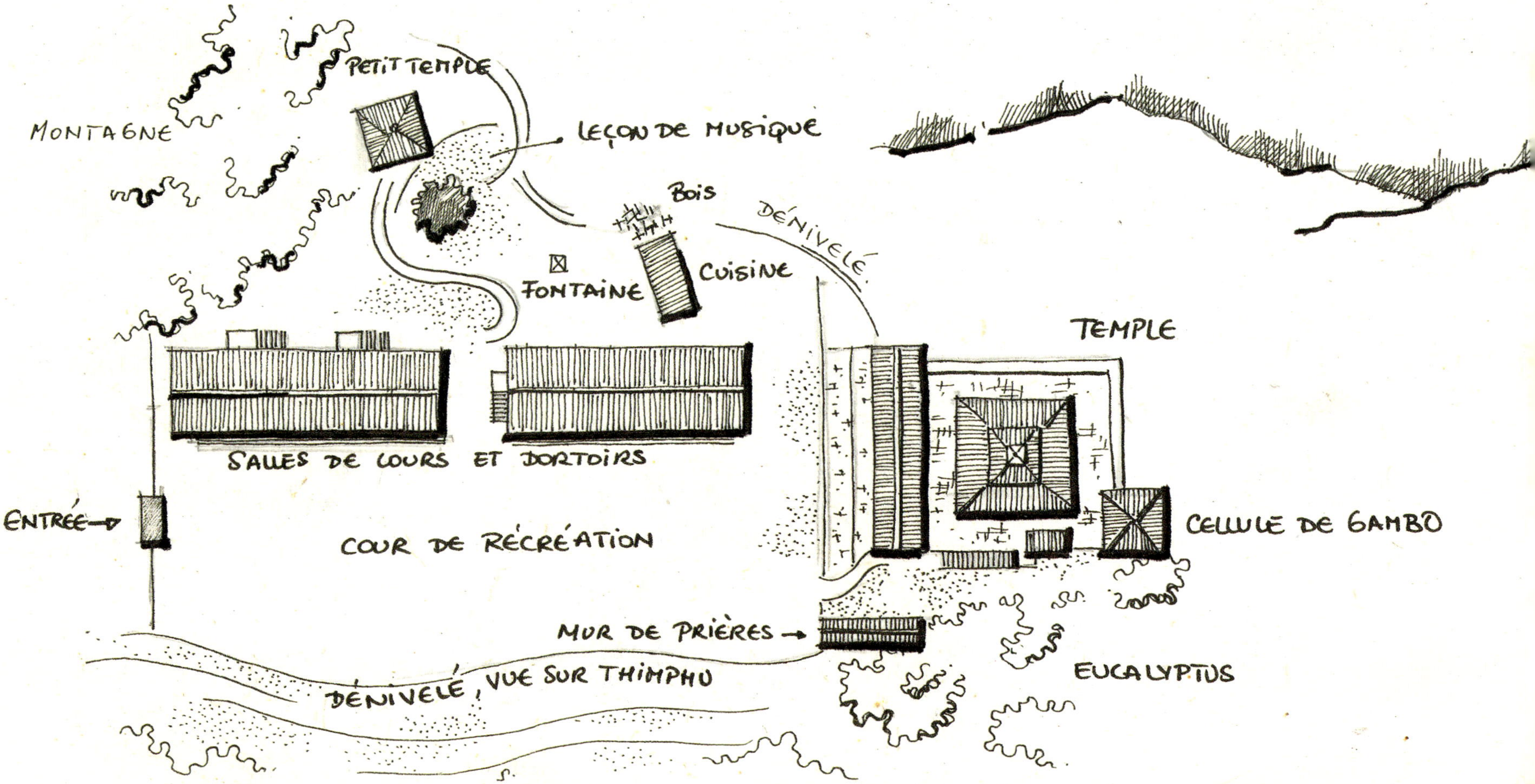

Le monastère de Dechen Phodrang

Michaël, lors de ses visites matinales dans les temples, s'est lié d'amitié avec Gembo, un moine, professeur et directeur de Dechen Phodrang.
Dechen Phodrang accueille 250 moinillons de 6 à 16 ans. Placés au monastère dès leur plus jeune âge, les enfants venant de tout le pays suivent durant huit années divers enseignements censés leur apporter tout le savoir nécessaire pour devenir moine. Pris complètement en charge par le monastère, les enfants seront par la suite, pour plusieurs années, redevables au clergé. Cependant, un moine peut rembourser la dette de ses huit années de scolarité et recouvrer sa « liberté ». Tashi, notre ami de Simtokha, a choisi cette voie. Aujourd'hui, à 50 ans, il est fondamentalement heureux de son choix, mais réfléchit quant à la possibilité de reprendre son habit de moine.

Les journées à Dechen Phodrang se vivent au même rythme depuis des décennies. Lever à 6 h, les premières heures de la matinée sont consacrées à la prière. Le petit-déjeuner est servi vers 8 h 30, puis, commencent les enseignements généraux : philosophie, littérature, anglais. Le déjeuner s'accompagne d'une courte pause et l'après-midi commence avec de longues heures de prières, suivies de leçons de musique et d'art plastique. Dans ces deux matières, toute initiative personnelle est bannie. On ne crée que pour Bouddha. Le dessin, la peinture, la sculpture, la musique lui sont exclusivement réservés.
La musique s'apprend parfois en extérieur. Alignés en tailleur sur l'herbe verte, les élèves soufflent dans leur immense trompette, semblable au cor des Alpes. Les vibrations de l'instrument se perdent dans les montagnes.
Après une longue journée, la soirée s'achève avec un dîner frugal et de nouvelles prières.
À 21 h 00, tous les moinillons sont couchés. Demain sera-t-il un autre jour ?

Gembo rejoint sa chambre avec ses rêves d'Europe et de nouveaux horizons. Ses revenus ne lui permettent pas encore de s'envoler hors de ses frontières. Alors, en attendant des jours meilleurs Gembo médite, prie. Et à ses heures perdues, pour économiser quelques ngultrums, il coud en silence des chapeaux, le soir dans sa cellule.

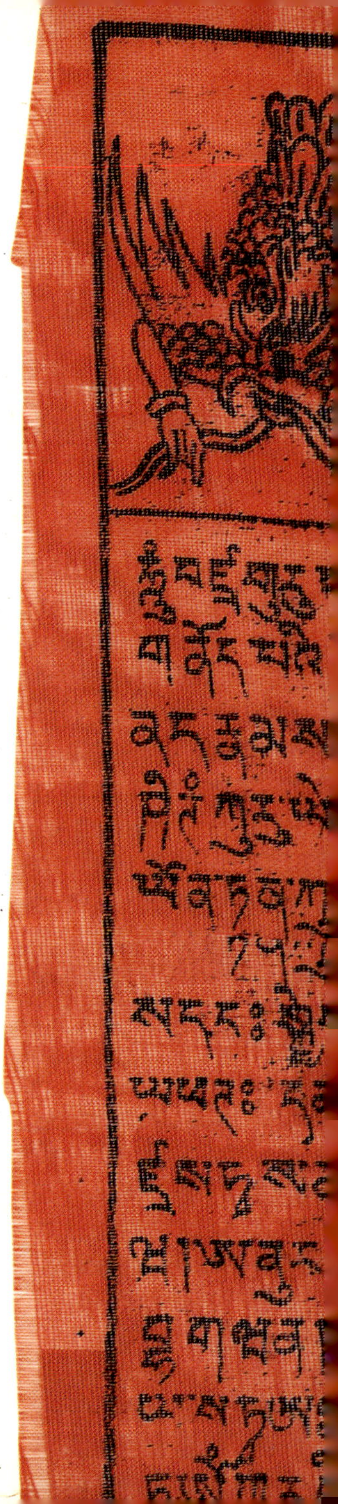

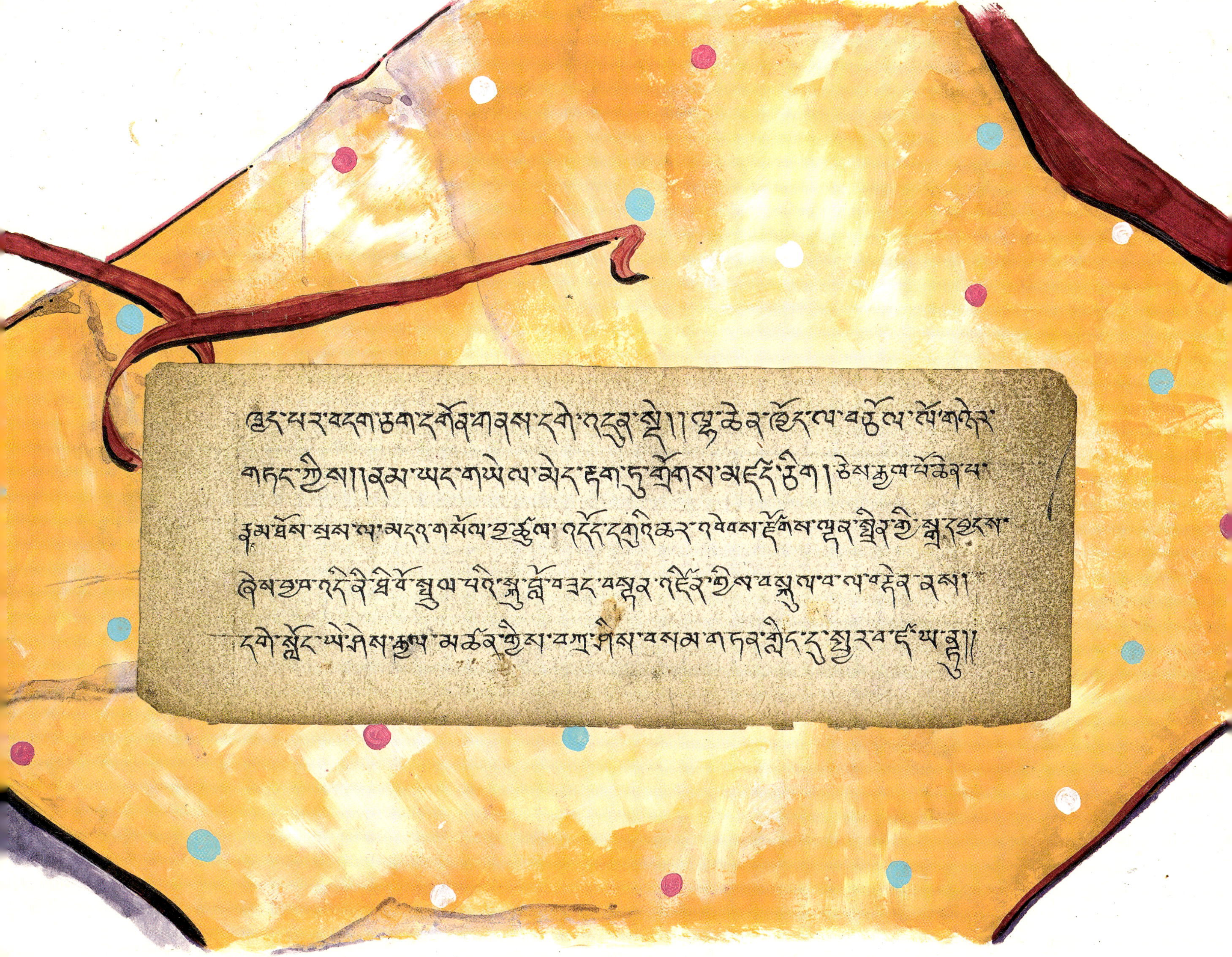
ཕྱིར་ཡར་བདག་ཅག་དགོན་གནས་དགེ་འདུན་སྡེ། །ལྷ་ཆེན་ཧོར་ལེ་བཙོལ་ལོ་གཉེར
གཏང་ཀྱི་ས། །ནམ་ཡང་གཡེལ་མེད་ཏག་ཏུ་གྲོགས་མཛད་ཅིག །ཅེས་རྒྱལ་པོ་ཆེན་པ
ཉམས་ཐོས་གྲས་ལ་མདའ་གསོལ་ཧ་རྩོལ་འདོད་དགུའི་ཆར་འབེབས་རྫོགས་ལྡན་གླིར་གྱི་སྒྲ་ངེས
ཞེས་ཞུས་འདི་ནི་ཐི་པོ་སྤྲུལ་པའི་སྐུ་བློ་བཟང་བསྟན་འཛིན་གྱིས་བསྐུལ་བ་ལ་བརྟེན་ནས།
དགེ་སློང་ཡེ་ཤེས་རྒྱལ་མཚན་གྱིས་བཀྲ་ཤིས་བསམ་གཏན་གླིང་དུ་སྦྱར་བ་ཛ་ཡ་ནྟུ།།

CHANGANGKHA

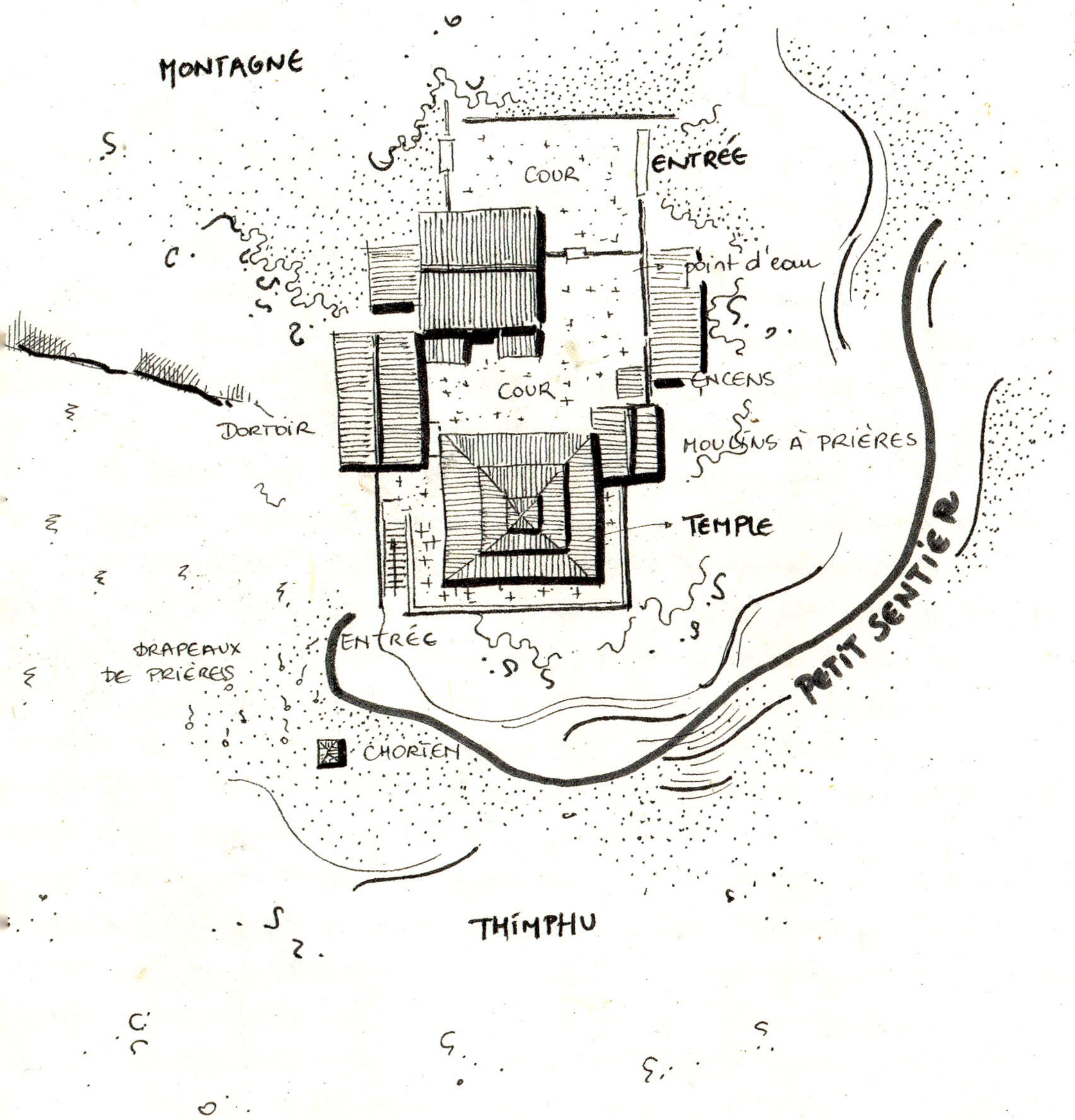

Construit au XVe siècle, le monastère de Changangkha domine Thimphu. J'y accède par un étroit sentier serpentant à travers la colline. Blanc, rouge et noir, les multiples bâtiments s'entremêlent avec harmonie.

À mon arrivée, un moine tombe de fatigue, adossé à la fenêtre de l'entrée. Un jeune couple et leur bébé font tourner, vibrer, tinter les séries de moulins à prières. Chiens et chats sommeillent au soleil.

Nous retrouvons Gembo, venu prier avec ses moinillons. Je pose ma sacoche et mes quelques feuilles, mon crayon, et commence doucement à observer : un autel avec les sept bols, de l'encens, des fleurs séchées. Un moine traverse la cour, une femme lave du linge, un oiseau se réveille. Les larges pièces de tissu rouge, prune, bordeaux, orange ou jaune sèchent doucement, bercées par le vent.

À Changangkha, la vie prend son temps, le temps se détend.

CHANGANGKHA · MAI 2004.

10, 20, 30, 50 petits moulins ou plus ceinturent le temple.

Les mains s'agitent
sur leur poignée usée,
les prières s'envolent
au-delà des sommets.

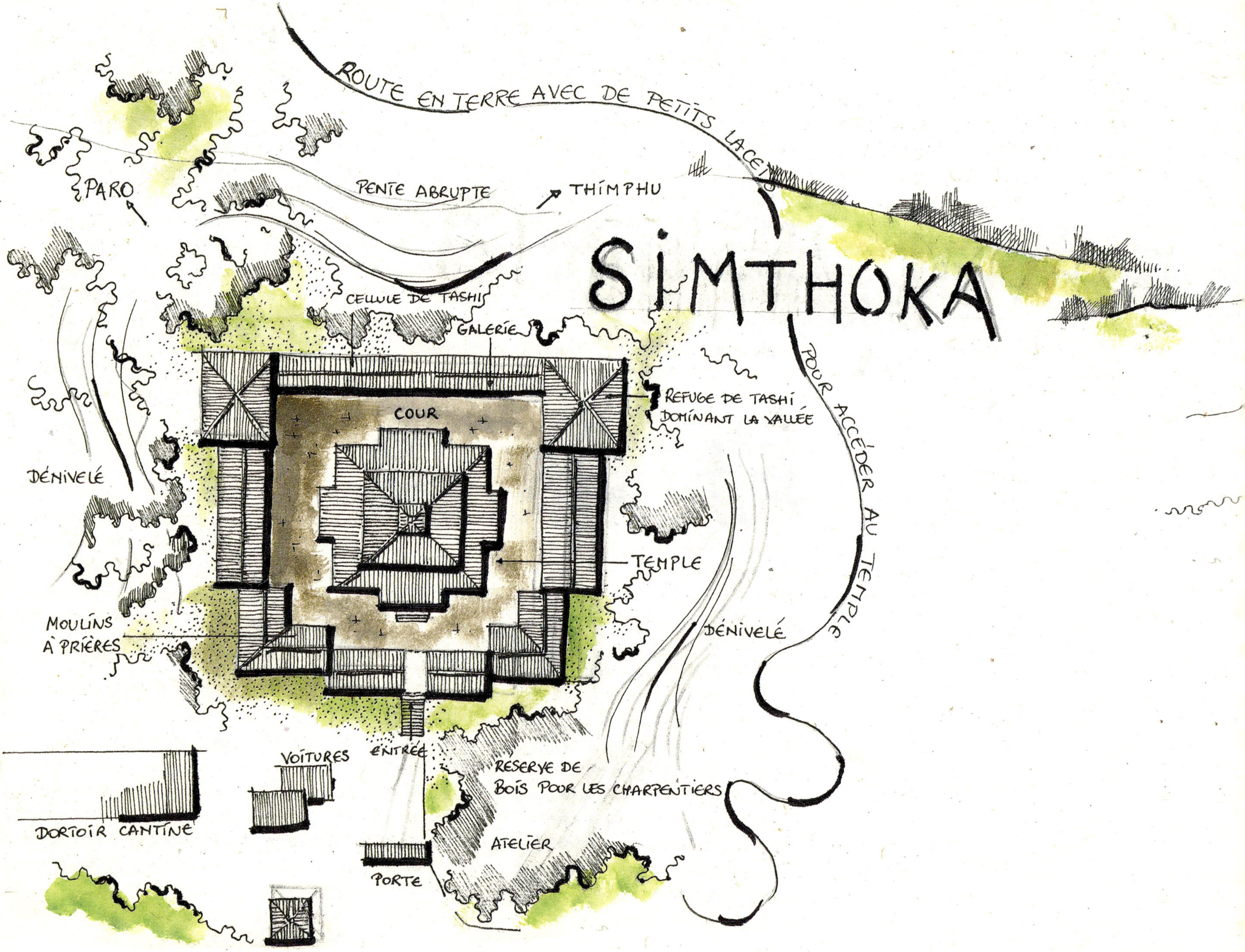
ROUTE EN TERRE AVEC DE PETITS LACETS
PARO
PENTE ABRUPTE
THIMPHU
SIMTHOKA
CELLULE DE TASHI
GALERIE
REFUGE DE TASHI DOMINANT LA VALLÉE
COUR
POUR ACCÉDER AU TEMPLE
DÉNIVELÉ
TEMPLE
MOULINS À PRIÈRES
DÉNIVELÉ
VOITURES
ENTRÉE
RESERVE DE BOIS POUR LES CHARPENTIERS
DORTOIR CANTINE
ATELIER
PORTE

Simthoka

À la croisée des chemins de Thimphu, Paro et Punakha, le Dzong de Simtokha domine le fleuve et la vallée. Tashi, l'architecte du chantier, nous y attend. Construit en 1629, le complexe recevra bientôt de nombreuses réparations. Une nouvelle charpente, une nouvelle toiture, les ouvriers coupent, taillent et sculptent poteaux, poutres et linteaux. À l'entrée du temple, les paires de tongs se perdent sur les larges dalles de pierre grise. À l'intérieur, dans la pénombre, les moinillons s'endorment dans le bourdonnement de leurs prières. Assis en tailleur, à même le sol pour les novices et sur des coussins pour les plus expérimentés, ils attendent tous la pause avec impatience pour se ruer jouer au foot. Avec leurs longues robes et leurs « savates » ils arrivent tout de même à marquer nombre de buts contre le portail d'entrée. J'aime ce décalage : livre de prières et ballon de football. J'aime cette joie de vivre qui anime les bhoutanais. J'aime comme les plus petits transforment leur tenue de moine en tenue de fantôme, j'aime leur espièglerie.

La cloche sonne midi
1, 2, 3 grains de riz

Le couvent de Zilukha

Au Bhoutan, les couvents sont beaucoup moins nombreux que les monastères. Nous passons quelques heures à Zilukha avec Dam Choe, jeune nonne de vingt-trois ans. Quand nous la croisons, elle termine son bouquet de fleurs et l'apporte au temple. Curieusement, le temple de Dam Choe est beaucoup plus « coquet » que ceux des monastères. Avec des fleurs, des « torma », des « rudhar » et des « ngey ting », l'intérieur se veut chaleureux.

Dam Choe nous invite à nous asseoir près d'elle, devant une statue de Bouddha, sur de larges coussins lie-de-vin. Elle nous raconte comment elle préfère être au couvent que dans les rizières à travailler, comment elle préfère être libre que d'avoir un mari. Elle partage sa vie avec une vingtaine d'autres nonnes, ses journées sont consacrées aux études, à la philosophie, à la méditation, aux prières pour les villageois.

Elle partage sa minuscule et sombre chambre avec trois autres sœurs. Un portrait du roi au-dessus de son lit, des couvertures entassées çà et là, des piments qui sèchent dans des paniers de bambou, du linge soigneusement plié, les années de Dam Choe s'écoulent au rythme des prières.
Est-elle heureuse ? Elle ne veut répondre. Elle n'a pas choisi d'être nonne, elle tente juste de savourer une utopique liberté, enfermée dans son temple sur les hauteurs de Thimphu.

Je garde en mémoire son sourire et sa gravité, son linge coloré qui virevolte lentement devant les sommets.

J'aurais aimé rester, j'aurais aimé l'écouter, l'écouter vraiment, au-delà d'un discours trop conventionnel, au-delà de la rigidité de Zilukha. J'aurais aimé connaître Dam Choe plus que Sœur Dam Choe.

Une fin d'après-midi,
je retrouve
Dam Choe épluchant
ses piments
dans sa sombre
cellule.

Un rayon de soleil
éclaire son visage,
elle est si belle.

« CHORTEN »
près du « Dzong »
de Thimphu.

Mystérieux « chorten » et drapeaux de prières

Comme en Mongolie, je croise sur mon chemin les authentiques « stupa », moins étincelants, certes, que ceux de Kayu Ling, mais d'autant plus rayonnants. Au Bhoutan, on les nomme « chorten », symbole de l'esprit de Bouddha. Loin de ressembler aux monticules de cailloux du désert de Gobi, ils sont au royaume des « drukpa », de véritables constructions, parfois fort élaborées. Souvent à base carrée, en pierre blanchie à la chaux, avec un large bandeau rouge, ils sont construits selon des modèles népalais ou tibétains, et recèlent des livres de prières, des statues, des objets précieux ou encore des herbes et le très précieux arbre de vie...

Édifiés en mémoire de religieux, pour les défunts ou pour chasser les démons, ils sont souvent accompagnés de drapeaux de prières. Ils peuvent aussi être reliés les uns aux autres par des murs de prières, comme au-delà du Dzong de Thimphu.

Les fidèles les contournent par la gauche, une fois, deux fois, trois fois au moins. Tout en égrainant leur chapelet, ils scandent leurs prières et s'attirent ainsi les grâces de Bouddha.

À la croisée des chemins, sur la route qui mène de Thimphu à Paro, j'ai pu voir les trois modèles de « chorten », tibétain, népalais et bhoutanais, alignés les uns à côté des autres.

Certains « chorten », comme le Memorial Chorten de Thimphu, s'élèvent sur plusieurs niveaux et sont similaires à nos chapelles. À l'intérieur, la pièce principale s'organise autour d'une statue de Bouddha que l'on contourne, comme les « chorten », par la gauche.

Au cœur d'un jardin verdoyant, le Memorial Chorten ne désemplit pas de pèlerins. Certains scandent leurs prières, d'autres sont assis et papotent doucement près des grands moulins à prières, d'autres encore sont installés en position de lotus et font inlassablement tourner leurs petits moulins à prières.

Des hommes, des femmes, jeunes et vieux, riches et pauvres, tous tournent en parfaite harmonie autour de Bouddha. J'aime ces instants de silence, où chacun se sourit et semble serein.

Accrochés au « chorten », les drapeaux de prières jaune, rouge, blanc, vert et bleu flottent au vent. Je les vois voler près des temples ou solidement cloués sur de hauts troncs d'arbres. Malgré mes multiples questions, je n'arrive à savoir pourquoi ils sont ici plus qu'ailleurs. Pourquoi des forêts de drapeaux rythment les paysages. J'apprends seulement qu'ils volent pour notre bonheur, qu'ils sont signe de bons auspices.

un des danseurs
du roi

Thimphu disparaît dans la brume, nous rejoignons Paro et sa piste de décollage. Sur la route, Wangchuk mâchouille toujours sa noix d'arek et sa feuille de bétel, Younten rêve d'Europe, Nima nous lance un signe d'adieu, Tashi nous sourit. Nous quittons doucement le Bhoutan.

Avant le départ, nous prenons le temps d'aller jusqu'à Taktsang, « la tanière du tigre ». Sur les traces de Milarepa, nous cheminons sur le long sentier qui mène jusqu'aux temples. Nous n'arriverons pas avant la nuit, il faut cette fois rebrousser chemin. Nous reviendrons, nous entrerons dans le site extraordinaire de Taktsang, haut lieu sacré du bouddhisme.

De cette précieuse perle de l'Himalaya, je n'oublierai jamais la douceur de vivre trouvée à Wongsimo, le sourire de Tschering, l'odeur de la noix d'arek, le vert électrique des rizières, les temples blancs, noirs et rouges, les larges cercles dorés ornant les façades, les « go » et les « kira », le gros cochon gris, les chiens sacrés, les matchs de foot, les parties de tir à l'arc, les « nakey » du marché, l'hémadatsi, les maisons de pisé, les « chorten »... Bientôt, je retournerai à Kayu Ling, je sentirai le vent bercer les drapeaux de prières, le sable des mandalas s'envoler dans les airs.

Assise, au creux d'un arbre, **je regarderai les nuages défiler comme les rêves d'un prochain voyage.**

Kayu Ling, France, j'ai 28 ans, la neige recouvre les monts du Morvan, le bol qui chante joue de son envoûtante mélodie...

Je remercie,

Victor Loupan et Olivier de Brabois sans qui ce projet n'aurait pu voir le jour ainsi que les Presses de la Renaissance, Alain Noël, Séverine Courtaud, Marjolaine de Latour, François-Xavier Durye et Nord Compo, Ruddy Dupont et Didier Bedez.

Le Conseil Général de Saône-et-Loire, et son président Christophe Sirugue, Rémy Rebeyrotte, maire de la ville d'Autun et Michel Olivier qui nous ont permis de nous envoler vers le pays des « drukpa ».

Françoise Pommaret et son précieux guide *Bhoutan*.

Amandine Roche, Anne Steinlein, Muriel Lameignère, Constance Rondet, Bérengère Leroy, Marie-Colette et Patrick Defontaine, Anne-Sophie Barnay, Alain Chevassus au Louis et sa famille, Marie-Françoise Charvin, Olivier Mouchiquel, Guy et Guite Duvollet, la jolie famille des Rois et particulièrement Pauline, Réjane Letouche, mes parents, Ben et Belen.

Younten, Wangchuk, Kunsang, Tschering Dolkar, Dam Choe, Gembo, Nima et sa famille, Tashi, le Kuensel et tous les Bhoutanais au sourire joyeux croisés sur les routes de Thimphu à Paro.

La créativité de Pascale Hugentobler (pascale.hugentobler@free.fr) qui me réalise de ses délicates mains de styliste mes sacs de voyage, de peinture, d'aventure…

Et pour toute l'imagination, la liberté et le bonheur qu'ils m'offrent, je remercie de tout mon cœur Mao, Antoine et Michaël.

Les personnes qui désirent me contacter peuvent écrire à l'adresse suivante :
cloeblue@noos.fr

LIVRE À LA BIBLIOTHÈQUE
enveloppé dans un large tissu

LA KÉRA DE TSCHERING
qu'elle met avec sa kira framboise

DRAPEAU DE PRIÈRES
près de Zilukha

MAISON PRÈS DE TAKSANG
avec de multiples motifs

CHEZ DAM CHOE
une petite étoffe

TONG D'UN GELONG
à Simthoka

LE COCHON DE NIMA
qui grignote près de moi

GO DE KINLEY DORJI
toujours très élégant

MENUISERIE DE FENÊTRE
au musée des traditions

PIERRES À SIMTHOKA
agencées en patchwork

RED PANDA
la bière préférée des Bouthanais